KT-211-360

Sommaire

4   Jean-Luc Monterosso   Un calligraphe iconoclaste
12 Dale Harris   David Buckland
41 Olivier Renaud Clément   Naissance d'une vocation
42 Biographie
44 Bibliographie

Je dédie cette exposition à Sue, Piera et Sean.
D.B.

SWANSEA COLLEGE
LEARNING CENTRE
LLWYN-Y-BRYN
77 WALTER RD.. SWANSEA SA1 4RW

Un calligraphe iconoclaste

David Buckland occupe dans la jeune photographie anglaise une place à part. Exposé pour la première fois en France en 1982 au Centre Georges Pompidou, puis en 1983 à la très célèbre galerie Créatis (hélas ! aujourd'hui disparue), on n'avait que très rarement vu son travail à Paris*.

Une présentation d'ensemble s'imposait donc et je suis heureux d'accueillir à l'Espace Photographique de Paris — avec la collaboration d'Olivier Renaud Clément — cette œuvre rigoureuse, qui s'inscrit tout à fait dans la conception d'une photographie « ouverte ». A savoir qu'il n'existe pas d'un côté des photographes dits « créatifs », seuls dignes d'être exposés, et de l'autre des photographes commerciaux. Car la photographie — et c'est heureux — n'obéit pas aux mêmes règles que les arts plastiques ; elle a sa spécificité propre, et celle-ci est d'être justement une activité diagonale qui traverse avec fulgurance tous les autres modes de représentation : peinture, théâtre, cinéma, mode, publicité.

L'œuvre de David Buckland en administre subtilement la preuve. Il a travaillé pour de célèbres Compagnies londoniennes comme le « London Contemporary Dance », « Second Stride », ou encore « Le Ballet Rambert », allant jusqu'à créer les décors et costumes et intervenir sur la scénographie. Il a été publié dans les plus célèbres revues : *Vogue Hommes International, Vanity Fair, The Manipulator*, et réalisé des travaux pour Issey Miyaké, Yohji Yamamoto et M. et F. Girbaud, tout en continuant une œuvre personnelle. Depuis deux ans il s'est lancé dans une série de grands portraits couleur cibachrome, retraçant avec un brin de folie impertinent et salvateur, une vaste fresque de la société contemporaine et des mythologies qui s'y rattachent.

Calligraphe iconoclaste, David Buckland réussit ce tour de force de réaliser des portraits, dont la vertu est d'être plus ressemblants à l'environnement social de leurs modèles, qu'aux modèles eux-mêmes. Par là, il cherche à révéler non plus la nature profonde du sujet — cette tarte à la crème des débuts de la photographie — mais sa nature socialisée et socialisante, pétrie de culture et de désirs, immergée à tout jamais dans les modes de représentation infinis de notre nouvelle civilisation médiatique.

David Buckland invente au fond une sorte de « portrait clip », où l'humour légitime toutes les audaces, sans rien céder à la rigueur du photographe.

JEAN-LUC MONTEROSSO
Directeur de l'Espace Photographique de Paris

* Sinon à l'Espace Donguy en 1984.

Torso, 1982 (45 × 57 cm)

Rodin nude I, 1983 (23 × 30 cm)

Rodin nude II, 1983 (23 × 30 cm)

Sans titre, 1978 (29 × 44 cm)

Floating nude, 1981 (38 × 49 cm). Platinum print

Sans titre, 1981 (24,5 × 24,5 cm)

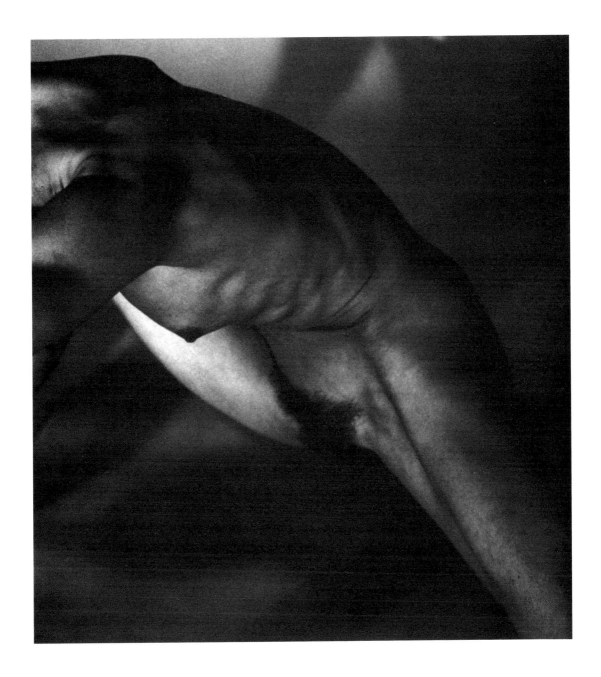

Sans titre, 1981 (24,5 × 26,5 cm)

David Buckland

par Dale Harris

(Traduction Florence Herbulot)

Un connaisseur regardant l'œuvre de David Buckland remarque tout de suite la production d'un faiseur d'images pleinement conscient — non pas un simple artisan, mais un artisan sûr de lui, sans aucun doute un artiste, un être qui s'exprime par un talent particulier, hautement spécialisé, sans se cacher, ni s'excuser. Bien qu'il travaille sur un support — la photographie — célébré dans tout l'univers pour son objectivité — et même l'invisibilité de l'artiste, les résultats qu'il obtient sont loin d'être anonymes. Ce qu'il accomplit exige invariablement que nous reconnaissions le rôle déterminant joué par l'artiste dans sa création. En conséquence, si sa gamme est large, il est pourtant impliqué dans tout ce qu'il fait.

Référence à soi, mais pas centré sur lui-même. Quelquefois, il est vrai, l'artiste lui-même apparaît. Il surgit de derrière l'appareil pour prendre place devant l'objectif. Mais quand cela se produit, il devient simplement l'un des éléments de la situation, souvent complexe, objet de son observation. Dans *Le Marin* (1984), il se détache sur le gréement d'un bateau, derrière lequel une voile le sépare de l'eau, qui est son élément. Il est tourné vers la gauche, les mains levées en un geste qui pourrait être considéré comme de soumission à une personne située hors du champ — si cette interprétation n'était pas obligatoirement atténuée par la confiance qu'exprime toute son attitude.

Dans *The Family* (1985), Buckland tient dans ses bras sa toute petite fille et regarde l'objectif avec un mélange de détermination et de tension — autant, semble-t-il, pour affirmer publiquement et formellement qu'il accepte les responsabilités de la paternité, que pour répondre à son besoin paternel intime. Le bébé et lui font partie d'une trame de références privées : une vaste carte à jouer en toile de fond, un sol à damiers, l'image d'un bateau rouge sang, un ananas, un grand vase de verre, un cygne miniature, un sac à main accroché par sa courroie. Père et fille partagent l'attention du spectateur avec le personnage tout aussi important de la mère du bébé. Mais l'image est interprétée, et manifestement sa signification n'est pas déterminée seulement par la présence du photographe.

Loin d'être obsédé par lui-même, il se dépeint avec exactement la même impartialité interprétative qu'il porte au reste de son matériel pictural. Dans *The Marriage of the Arnolfini — Re-viewed*, il remplace Jan van Eyck dans le miroir convexe du mur du fond, tout à la fois pour annoncer qu'il est l'auteur de la photo, pour établir un sentiment de continuité entre le présent et le passé, et pour s'identifier en tant que témoin de l'événement qui se produit au premier plan. Dans son studio, entouré des accessoires de sa vocation,

il se classe sans ambiguïté possible parmi les artisans. Dans *Le Marin*, *The Family* et *The Marriage of the Arnolfini*, il s'observe sans indulgence ni admiration secrète.

Mais dans la plupart des cas, Buckland est d'une façon littérale purement absent de ses œuvres dont les sujets, souvent d'une personnalisation extrême, sont rarement autobiographiques. Pourtant, qu'il figure ou non dans ses photos, Buckland demeure une présence incontournable. Toute sa production déclare implicitement qu'elle est délibérée et non fortuite, volonté de l'artiste de reconcevoir en termes purement visuels les personnes auxquelles, pour une raison ou une autre, il s'intéresse.

Jalonnant les éléments d'une personnalité et leurs ramifications par une série de références visuelles soigneusement organisées, Buckland s'exprime en termes évolutifs. Son but est la révélation. Il ne s'intéresse pas au fait brut. Au lieu de nous montrer — comme le ferait par exemple un journaliste — ce que sans lui nous aurions pu laisser échapper, il nous surprend à voir ce dont nous n'avions pas soupçonné l'existence. L'origine de ses images n'est pas la vie qui réclame à tout instant notre attention, exigeant d'être fixée en images avant de disparaître à jamais, c'est la vie recréée et en même temps réévaluée.

Les photos de Buckland sont évidemment pleines de vie. Aucune photo faisant référence au monde objectif ne pourrait se dissocier de ce lien, quel que soit son refus d'utiliser l'illusion. De plus, une bonne part de la force de son œuvre provient de la conscience révélée simultanément de l'inventé et du vécu. Le recours aux projections en transparence, pleines de richesse et d'imagination, lui permet de rapprocher, dans des tirages comme *The Opera Designers*, *The Numerologist* ou *The Marriage of the Arnolfini*, des scènes fort éloignées par les faits, les lieux ou les temps sans autre prétention. Ce qu'il vise, c'est à créer un portrait qui dépasse la ressemblance pour atteindre la vérité. Buckland

nie la primauté de l'apparence ordinaire comme marque signifiante. Et si les divers éléments qui composent l'image finale sont pour la plupart d'origine photographique, ce fait ajoute une force ironique au refus manifeste de la vérité documentaire que fait naître leur juxtaposition.

En dépit de l'impact clair et net de l'œuvre de Buckland, nous sommes bien obligés de conclure que tout cela découle d'une complexité profonde de vision. Pour l'artiste, il est évident que la vie est synthèse plutôt qu'événements. Chacune de ses images tend à représenter — et même à projeter — l'ensemble de tout ce qui l'a précédé. Nous sommes forcés de tout considérer comme provisoire, de regarder chaque photo comme le résumé de mille variantes possibles. En observant *The New Puritan*, *The Commissioner*, *The Professionals*, et bien d'autres, nous prenons conscience de causes putatives en même temps que de résultats particuliers.

De même, les étonnants portraits de danseurs, nus, isolés, intimes, révèlent souvent une relation ambiguë au temps aussi bien qu'à l'espace, qui tous deux, de manière différente, sont envisagés comme flexibles et indéterminés. Ces visions instantanées de danseurs impliquent le continuum entier du mouvement dont les images choisies émanent. Dans une large mesure, l'intensité de ces tirages sur papier au platine surgit de la contradiction entre la danse — cinétique, opérationnelle, auto-dévorante — et l'image — permanente, fixée, non évolutive. La première est processus, la seconde est fait.

L'intensité née aussi de l'écart entre représentation publique et identité privée. Même lorsque nous sommes incapables d'identifier avec certitude la présence d'un studio, nous sentons toujours que les danseurs sont photographiés dans les circonstances de l'exercice formel, de l'exploration physique éternelle qui leur permet de subordonner les limites corporelles aux exigences de leur art. En même temps, nous sommes pleinement conscients que ces limites — vulnérabilité, sexe, sexualité — sont aussi les indices de leur valeur fondamentale en tant qu'êtres humains. L'empathie éveillée par des corps dont la beauté est rendue inéluctable par son exposition intime, souvent stupéfiante, ne fait que souligner l'ambiguïté des relations entre ces qualités purement humaines et la discipline de l'art du danseur.

Comme l'atteste son œuvre, ce qui intéresse Buckland n'est pas la simple routine mais l'expérience plus vaste et plus mystérieuse dans laquelle nous sommes tous engagés de manière permanente, la vie qui heurte simultanément nos sens et notre pouvoir de compréhension. Dans *The Family*, par exemple, nous sommes confrontés à un certain nombre d'objets que nous reconnaissons individuellement sans en connaître l'importance précise en tant que groupe, et surtout pour les trois personnes auxquelles ils sont associés. Inévitablement, nous tentons de bâtir une structure de signification, en utilisant ces objets en compagnie des autres informations plus immédiatement compréhensibles qu'on nous livre. En l'absence d'une clé thématique et psychologique, nous sommes obligés de les considérer comme mystérieux, de conclure, tout simplement, qu'ils possèdent une signification située au-delà des limites de notre connaissance.

Mais le déni d'information n'est pas déni de compréhension. Il est clair par exemple qu'en termes de composition, la mère et le père sont là pour s'équilibrer l'un l'autre : ils se situent de chaque côté d'une image soigneusement organisée en symétrie — d'une manière que nous serons tentés d'interpréter comme une métaphore de l'équilibre psychologique. En même temps, cette notion est sérieusement remise en question puisque la mère, manifestement, est la figure dominante. Cela nous oblige à réviser notre jugement : en adoptant le rôle de nourrice, il l'a libérée du statut qu'im-

posent les obligations acceptées de la maternité. L'inversion
des rôles familiers de la mère et du père ébranle l'autorité
traditionnelle que la société accorde au partenaire masculin.
N'étant plus la source d'autorité familiale, il est subordonné
à la volonté de l'épouse. Vêtue d'une sorte d'uniforme, adoptant l'attitude rigoureuse et réfléchie d'un garde, elle exerce
une force totalement démesurée par rapport à ce que l'on
attend d'une telle composition.

L'équilibre qu'atteint Buckland entre pénétration et
incompréhension est dû pour une grande part au pouvoir des
éléments non représentatifs de ses images. Un exemple
essentiel est l'interruption arbitraire de l'espace et de la
forme qui remplace la certitude narrative ou descriptive par
la certitude plus grande de la vision personnelle de l'artiste,
comme elle le fait dans les divers reflets spatiaux, par
exemple, de *The Commissioner*. Autre exemple, les teintes
claires et peu contrastées, fascinantes, qui annoncent la
prééminence de l'imaginaire sur le descriptif. Une intensité
chromatique telle que Buckland en obtient sur ses tirages
cibachrome représente une audace d'interprétation. De
même, de manière tout aussi évidente, les coups de pinceau
qui définissent les limites de l'image dans ses tirages sur
papier au platine, ou les voiles de pigments qui infusent tant
de force aux visages et aux formes des enfants dans les diffé-
rentes versions de *Symmetry*.

The Pregnant Woman est une reconstitution totale de la
silhouette de Siobhan Davies. Partant de la pesanteur de son
corps, il le transforme en quelque chose d'insubstantiel, il
l'inonde d'une mystérieuse lumière. Dans cette œuvre elle
est moins un individu qu'un état universellement reconnais-
sable, moins l'incarnation de la fécondité que son concept.
Les implications de l'image sont d'une puissance immense,
et justement parce qu'elles sont exprimées d'une manière si
peu clinique. Ce que nous voyons est sans aucun doute possible une femme enceinte, mais perçue en termes d'oiseau :

cette femme dans son volumineux plumage est perchée de façon précaire sur ce qui, de profil, a l'air d'un pied unique. Paradoxalement, la dépersonnalisation de l'image, sa conversion de psyché individuelle en poésie la rend étrangement poignante. Si nous ne risquons pas de nous méprendre sur la condition physique de Siobhan Davies, nous ne risquons pas non plus d'en laisser échapper les implications plus vastes, l'appréhension du mystère insondable et universel dans lequel elle est impliquée.

Les photos de Buckland remettent en question la valeur des faits bruts, des évidences par lesquelles nous parvenons couramment à la notion de vérité. Pour lui, vérité et réalisme ne sont pas synonymes. Vue sous le bon angle, la vie est spectacle, ou plutôt nombre infini de spectacles, conspiration pour jouer la vérité sous ses apparences infinies. Le succès de Buckland comme décorateur pour le ballet, le plus riche en symbole de tous les langages du spectacle, est prévisible étant donné ses dons remarquables et leur penchant. Il a créé pour le ballet Rambert, le London Contemporary Dance Theater et Second Stride, une série d'ambiances scéniques qui, écartant l'illusion en faveur de l'allusion, reconçoivent la réalité en termes d'espace, de couleur, de lumière et d'éclairage.

DALE HARRIS

Dale Harris est critique de danse au *Wall Street Journal* et critique musical au *New York Post* ; Professeur de littérature au Sarah Lawrence College de New York et Professeur d'histoire de l'art au Cooper Union de New York. Il a donné plusieurs conférences au Metropolitan Opera et au Metropolitan Museum, notamment.

Sans titre, 1985 (30 × 50 cm)

Michael Clarke, 1981 (74 × 56 cm)

Siobhan Davies, 1986 (56 × 74 cm)

Adam et Ève, 1981 (56,5 × 74,5 cm)

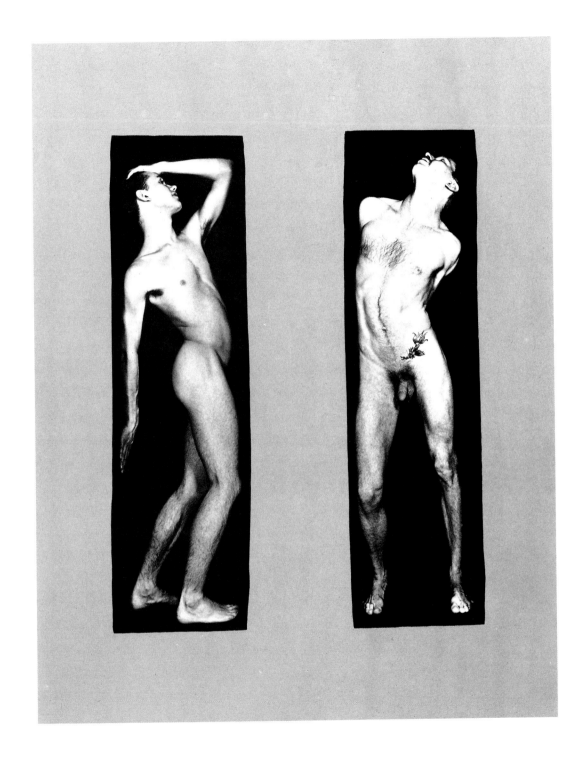

Sans titre, 1982 (48 × 57,5 cm)

Sphinx, 1979 (33,5 × 47 cm)

Siobhan Davies, 1981 (38 × 74,5 cm)

Siobhan Davies, 1986 (28 × 42 cm)

The grey organization, 1987 (80 × 100 cm)

The critic, 1987 (80 × 100 cm)   The cuckold, 1987 (80 × 100 cm)

The new puritan, 1985 (80 × 100 cm)

Vacantly, 1982 (80 × 100 cm)

The parisian Philippe Starch, 1986 (80 × 100 cm).
Courtesy Vanity Fair, Condé Nast Ed.

La gran scena opera company, New York 1987 (80 × 100 cm). Cibachrome

La gran scena opera company, New York 1987 (80 × 100 cm). Cibachrome

The equivalent, 1986 (80 × 100 cm) | The numerologist, 1982 (80 × 100 cm)
The wife, 1985 (80 × 100 cm) | Jean Charles de Castelbajac, 1985 (80 × 100 cm)

The opera designers, 1985 (80 × 100 cm)

The mid-west girls, 1987 (80 × 100 cm) | The film makers, 1987 (80 × 100 cm)

The entrepreneur (en art), 1986 (80 × 100 cm) | The scientist, 1987 (80 × 100 cm)

The mariage of Arnolfini. Re-view 1986 (80 × 100 cm)

Innocent Erendira, 1982 (64 × 80 cm). Cibachrome-Platinum print

The Producer, 1987 (80 × 100 cm). Cibachrome-Platinum print

The commissioner, 1987 (80 × 100 cm)

The runner, 1985 (80 × 100 cm) | The New York boys, 1987 (80 × 100 cm)

The glass man, 1987 (80 × 100 cm) | The dutchman, 1985 (80 × 100 cm)

Vogue Hommes International, n° 2 juillet 1986 (80 × 100 cm). Courtesy Condé Nast Ed.

Naissance d'une vocation

par Olivier Renaud Clément

C'est en 1982 que j'ai rencontré pour la première fois David Buckland. Il avait déjà exposé à Paris et j'étais fasciné par ses travaux, principalement les natures mortes, de fruits ou de fleurs, tirées en large format cibachrome avec parfois des rajouts de platine et aussi les tirages noir et blanc, réalisés sur plaque de verre.

Mais ce n'est qu'en septembre 1983 qu'eût lieu la vraie rencontre, celle qui allait décider de toute ma carrière et, à dire vrai, de ma vocation « d'entrepreneur d'art ». C'était l'époque où David Buckland commençait à peine ses recherches autour du portrait. L'un des plus fameux d'entre eux, et l'un des premiers, était *The Numerologist* auquel vint s'ajouter en 1986, et tout naturellement *The Wife*. David était totalement stimulé par cette envie de mettre en scène des « personnalités », ses « sitters » comme il les nomme, en situation où finalement les modèles eux-mêmes, se laissent surprendre.

C'est avec *Si le grain ne meurt* qu'il mit au point son système de photo-projection frontale ; technique très largement utilisée dans le cinéma des années 50, ou plus récemment pour la réalisation des effets spéciaux dans *Superman*. J'ai pu alors assister à plusieurs reprises à des séances photos. C'est un univers très simple dans lequel seul le photographe est capable de connaître le résultat presque final. Cet effet de projection n'apparaît pas sur l'écran, et le modèle ne voit absolument rien. Certaines séances sont très rapides, d'autres prennent parfois des heures ; certaines anecdotes sont plutôt drôles. *The pregnant woman II (La femme enceinte II)*, a été « shootée » une heure avant l'accouchement.

Lorsqu'il a voulu réaliser mon portrait *The entrepreneur (en art)*, quelques jours auparavant, il m'a demandé de penser à quelques modèles féminins. J'ai choisi des personnes de mon entourage et la séance a duré quatre heures et demie.

On ne savait absolument pas ce qu'il avait décidé de projeter. Nous nous sommes finalement retrouvés dans un palais vénitien.

Il est passionnant lorsqu'on travaille avec un artiste, de rentrer dans son processus de pensée et d'évolution d'une idée. Suivre la création d'une image de Buckland est fascinant. La manière si particulière qu'a David de recréer son univers autour d'un personnage, à partir d'un petit détail, d'un trait de sa personnalité, de son activité ou de sa passion, d'un point de repère autour duquel il construit son monde, est assez spectaculaire.

Il fonctionne à la fois comme un magicien et comme un alchimiste. Il profite de toute la magie que peut lui apporter la technique photographique et, en même temps, s'applique à développer les données chimiques qu'il connaît pour la réalisation de ses tirages cibachromes. Il est un des rares artistes contemporains, utilisant la photographie comme mode d'expression, à réaliser lui-même les tirages qu'il développe, modifie, « trafique ». Il utilise ce médium comme un peintre joue avec ses palettes, ou un sculpteur avec ses matériaux.

J'espère que l'exposition, présentée à l'Espace Photographique de Paris, permettra enfin l'accès de cette œuvre importante au plus large public possible et je remercie tout particulièrement pour leur aide et soutien constant, Madame Catherine Ferbos du British Council (Paris), Messieurs Peter Prescott et Tim Brown, ainsi que Gilles Dusein, Jacques Donguy et Delphine Pellisson pour leur collaboration active durant toutes ces années.

OLIVIER RENAUD CLÉMENT

Biographie

David Buckland, de nationalité britannique, né à Londres en 1949, a étudié la photographie au London College of Printing de 1967 à 1970, et a obtenu une bourse, pour deux années, à Newcastle, ainsi qu'une bourse Kodak.

Il a enseigné au Royal College of Art, au London College of Printing, et au Harrow College of Technology and Art.

Il travaille actuellement entre Londres, Paris et New York.

En marge de son activité proprement photographique, David Buckland crée régulièrement des décors, des costumes pour le théâtre et la danse, en particulier pour le London Contemporary Dance, Second Stride ou encore le ballet Rambert.

Expositions collectives

1978-1980 Photographers' Gallery, Londres, Angleterre.

1978-1982 Sam Wagstaff Collection Touring Exhibition, USA.

1980-1982 Exposition itinérante « Photographie britannique » en Australie.

1982 « Photographes britanniques », John Hansard Gallery à Southampton, Angleterre.
Galerie Créatis, Paris.
Galerie Castelli, New York, USA.

1983 « Nus », Newport Gallery, Pays de Galles, Angleterre.
Exposition itinérante du British Council en Italie, Belgique, Malborough Gallery, New York, USA.

1984 Impressions Gallery, York, Angleterre.
« Décors d'Artistes », Arnolfini Gallery, Bristol, Angleterre.

1985 Foire d'Amsterdam, Ton Peek Gallery, Hollande.

1986 National Portrait Gallery, Londres, Angleterre.
Musée National de Photographie, Bradford, Angleterre.
Royal Photographic Society, Bath, Angleterre.
Exposition d'affiches Kodak, « Les pirates de l'art », Mois de la Photo à Paris.
« Photographie contemporaine en couleur », Photokina, Cologne, Allemagne.

1987 I.C.P. Midtown Gallery, New York, USA.

Expositions personnelles

1972 Northern Arts Gallery, Newcastle, Angleterre.

1973 Bede Gallery, Jarrow, Angleterre.

1975 University Gallery, Southampton, Angleterre.

1977 Photographers' Gallery, Londres, Angleterre.

1978 Air Gallery, Londres, Angleterre.

1979 Sander Gallery, Washington, USA.

1981 Moira Kelly Gallery, Londres, Angleterre.

1982 M.N.A.M. Centre Georges Pompidou, Paris.

1983 Galerie Créatis, Paris.

1984 Sander Gallery, New York, USA.
Olivier Renaud Clément à l'Espace Donguy, Paris.

1985 Ton Peek Gallery, Amsterdam, Hollande.

1986 Exposition itinérante en France, Photographies de nus, danse (Rennes, Le Mans, Orléans, Montpellier...).

1987 Photographers' Gallery, Londres, Angleterre.

1988 Exposition itinérante, « Portraits », en Italie.
Espace Photographique de la Ville de Paris.

Collections

National Portrait Gallery, Londres, Angleterre.
Metropolitan Museum, New York, USA.
Chase Manhattan Bank, New York, USA.
Paul Getty, Los Angeles, USA.
FNAC, Paris.
M.N.A.M. Centre Georges Pompidou, Paris.
Central Museum, Utrecht, Hollande.
Michaël Wilson Collection, Londres, Angleterre.
Jean-Charles de Castelbajac, Paris.
Agnès B., Paris.
First Bank, Minneapolis, USA.
David Fahey, Los Angeles, USA.
Olivier Renaud Clément, Paris.

Costumes et décors

De 1980 à 1987, création de décors et costumes pour les ballets, Rambert, Siobhan Davies & Dancers, Second Stride, Compagnie Charles Cré Ange, London Contemporary Dance, et créations ou adaptations pour Channel Four TV, London Week-End TV, B.B.C.

Sans titre, 1982 (34,5 × 45 cm)

Bibliographie

Photographie contemporaine en couleur, éd. Photokina 1986.
Artists design for dance, Arnolfini Gallery Catalogue 1986, Bristol.
Twenty for today, New British Photography, National Portrait Gallery 1986, Londres.
New Portraits, Charles Stainback, I.C.P. Midtown 1987, New York.
The Magic Image, Gail Buckland et Cecil Beaton.
Dance into photography, William Ewing.
Photographie créative, éd. Robert Laffont.
Londres, Nadine Descendre, Autrement coll. villes.
Opera on a Grand Scale, Mark Holborn, The Photographers' Gallery.

Photographies n° 7, Jean-François Chevrier, mai 1985.
Foto, Amsterdam, mai 1986.
Cimaise n° 184-185, décembre 1986.
British Photo Journal, avril 1987.
The Face n° 84, avril 1987.
Art Press, Regis Durand.
Creative Camera.
L'Art Vivant n° 5, François Pluchart.
Clichés n° 22 et 46, Nadine Descendre et Gilles Dusein.
Créations magazine n° 18 et 28, J. Manescau, et A.M. Morice.
Cimaise n° 193, Jean-Luc Monterosso, avril-mai 1988.

Fam, 1982 (29 × 37,5 cm)

Remerciements

Je remercie tout mes « sitters » (« modèles ») pour leurs « performances » dans les portraits, et les danseurs qui inspirèrent la série des photos en noir et blanc (tirages platines).

Je remercie également Jean-Luc Monterosso et l'équipe de Paris Audiovisuel pour leur travail et leur amitié.

Et bien sûr, mon ami et « entrepreneur » Olivier Renaud Clément pour son aide, ses idées, et toute l'énergie mise au service de cette exposition.

DAVID BUCKLAND

Imp. Union Paris